VENTE DU 11 MAI 1898, A DEUX HEURES PRÉCISES

HOTEL DROUOT, SALLE N° 8

CATALOGUE

DE

BONS LIVRES

ANCIENS ET MODERNES

OUVRAGES SUR L'AMEUBLEMENT ET LA DÉCORATION

LITHOGRAPHIES

Par HENRI MONNIER, DAUMIER, EUGÈNE LAMI, GRANDVILLE, PIGAL, ETC.

CARICATURES ET JOURNAUX ILLUSTRÉS

PAR ANDRÉ GILL ET AUTRES

PARIS

M. Maurice DELESTRE
Commissaire-priseur
Rue Saint-Georges, 5

M. Georges RAPILLY
Marchand d'estampes de la Bibliothèque Nationale
Quai Malaquais, 9

CATALOGUE

DE

BONS LIVRES

ANCIENS ET MODERNES

OUVRAGES SUR L'AMEUBLEMENT ET LA DÉCORATION

LITHOGRAPHIES

PAR

HENRI MONNIER, DAUMIER, EUGÈNE LAMI, GRANDVILLE, PIGAL, ETC.

CARICATURES ET JOURNAUX ILLUSTRÉS

PAR ANDRÉ GILL ET AUTRES

DONT LA VENTE AUX ENCHÈRES PUBLIQUES
AURA LIEU
HOTEL DES COMMISSAIRES-PRISEURS, RUE DROUOT, N° 9
SALLE N° 8
Le Mercredi 11 mai 1898.
A deux heures précises.

Par le ministère de Me **MAURICE DELESTRE**, Commissaire-Priseur,
rue Saint-Georges, 5.
Assisté de **M. GEORGES RAPILLY**, marchand d'estampes de la Bibliothèque
nationale, quai Malaquais, 9.

PARIS, 1898

CONDITIONS DE LA VENTE

La vente se fait au comptant.

Les acquéreurs payeront 5 pour cent en sus des enchères, applicables aux frais.

Les livres devront être collationnés sur place dans les vingt-quatre heures de l'adjudication. Passé ce délai, ou une fois sortis de la salle de vente, ils ne seront repris pour aucune cause.

M. G. Rapilly, remplira les commissions des personnes qui ne pourraient assister à la vente.

Exposition particulière chez M. RAPILLY, quai Malaquais, nº 9, du 2 au 7 mai.

ORDRE DES VACATIONS

Livres et recueils	Nos	26 à 149
—		1 à 25
Gravure encadrée.		150

DÉSIGNATION

1 — **ADELINE** (Jules). La peinture à l'eau, Aquarelle, Lavis, Gouaches, Miniature. Ouvrage illustré de cent-quarante-cinq figures dans le texte et de cinq planches en couleur. *Paris, Quantin* s. d. in-8° br.

2 — **Albums japonais.** La Mangoua, recueil de dessins d'après Hokusaï, douze albums gr. in-8° cart.

3 — **Architecture françoise** (L') ou recueil des plans, élévations, coupes et profils, des églises, palais, hôtels et maisons particulières de Paris, et des châteaux et maisons de campagne ou de plaisance des environs, et de plusieurs autres endroits de France, à *Paris*, chez Jean Mariette, 1727, 2 vol. in-fol. oblong, contenant cent-soixante-treize pl. rel. veau marb.

4 — **Art pour tous.** Encyclopédie de l'Art industriel et décoratif, — De l'origine 1861 à 1891. *Paris, Morel*, 1861-91, trente années reliées en 22 vol. in-fol. demi-chagrin violet.

5 — **AUMALE** (Duc d'). Histoire des princes de Condé, pendant les XVIe et XVIIe siècles. 7 vol. in-8° plus 1 vol. index, avec portraits gravés et atlas de cinq cartes in-fol. *Paris*, Calmann Lévy, 1885-96; br.

6 — **L'Autographe.** Années 1864, 1865, 1870, 1871, — l'Autographe au salon, années 1864, 1868, — L'Art à Paris en 1867, en tout 6 vol. in-fol. oblong, rel. demi-chag. rouge.

7 — **BALZAC.** Le médecin de campagne. *Paris, Mame-Delaunay*, 1833, 2 vol. in-8°, demi-veau, rouge, tr. marbr., ornements à froid sur le dos.

Édition originale, jolie reliure de l'époque.

8 — Scènes de la vie privée. *Paris, Mame-Delaunay*, 1832, 4 vol. in-8°, demi-veau rouge, tr. marb., 2e édition, jolie reliure de l'époque, avec ornements à froid sur le dos.

9 — **BALZAC.** Romans et Contes philosophiques, 4e édition revue et corrigée, quatre vignettes de Tony Johannot. *Paris, Gosselin*, 1833, 4 vol. in-8°, — Nouveaux contes philosophiques avec une vignette de Tony Johannot. *Paris, Gosselin*, 1832, 1 vol. in-8°, ensemble 5 vol. demi-veau, bleu, tr. marb., ornements or sur le dos, jolie reliure de l'époque.

10 — Les cent contes drolatiques, colligez ès abbaïes de Touraine et mis en lumière par le sieur Balzac, seconde édition. *Paris, Gosselin*, 1832, 2 vol. in-8°, demi-rel. veau bleu, tr. marb., ornements or sur le dos (Rel. de l'époque).

11 — **BÉRANGER** (J.-P. de). Chansons. *Paris*, 1821, 2 vol., — Chansons nouvelles. *Paris*, 1825, — Chansons inédites. *Paris*, 1828, — Chansons nouvelles et dernières. *Paris*, 1833, 5 vol. in-12 demi-rel. dos et coins de mar. rouge dos ornés, non rognés.

Éditions originales. Exemplaire orné de la suite de quarante figures coloriées de Henri Monnier et de la suite d'un portrait de Béranger et de cent-deux figures de Johannot.

12 — **BERLEUX** (Jean). La caricature politique en France pendant la guerre, le siège de Paris et la Commune (1870-71) *Paris, Labitte, Em. Paul* et Cie, 1890, in-8° demi-rel., dos et coins de chagr. vert, tête dorée, non rog.

13 — **Bibliothèque** de l'enseignement des Beaux-Arts publiée sous la direction de M. J. Comte, 10 vol. in-12, cart. perc.

Architecture de la Renaissance, par Palustre; — Architecture Gothique, par Corroyer; — Architecture Grecque, par Laloux; — Architecture Romane, par Corroyer; — Art Arabe, par Gayet; — Art Persan, par Gayet; — Art Indo-Chinois, par de Pouvourville; — Art Chinois, par Paléologue; — Art Byzantin, par Bayet; — Art Japonais, par Gonse.

14 — de l'enseignement des Beaux-Arts publiée sous la direction de M. J. Comte. 10 vol. in-12, cart. perc.

Les Styles français, par Lechevallier-Chevignard; — Anatomie artistique, par Mathias Duval; — Composition décorative, par Mayeux; — Sculpture antique, par Paris; — Peinture Italienne, par Lafenestre; — Peinture Espagnole, par Lefort; — Peinture Hollandaise, par Havard; — Peinture Flamande, par Wauters; — Peinture Anglaise, par Chesneau; — Peinture Antique, par Girard.

15 — **Bibliothèque** de l'enseignement des Beaux-Arts publiée sous la direction de M. J. Comte. 16 vol. in-12, cart. perc.

Art de la Verrerie, par Gerspach; — Broderies et Dentelles, par Lefébure; — Porcelaine, par Vogt; — Meuble, 2 vol., par de Champeaux; — Manuscrits et Miniature, par Lecoy de la Marche; — Le Livre, par Bouchot; — La Gravure, par Delaborde; — Les Vitraux, par Merson; — La Lithographie, par Bouchot; — Procédés de la Gravure, par de Lostalot; — La Faïence, par Deck; — Le Costume en France, par Renan; — Les Sceaux, par Lecoy de la Marche; — La Mosaïque, par Gerspach; — La Tapisserie, par Muntz.

16 — de l'enseignement des Beaux-Arts publiée sous la direction de M. J. Comte. 15 vol. in-12, cart. perc.

Lexique des termes d'art, par Adeline; — La Musique allemande, par Soubiès; — La Musique française, par Lavoix; — Histoire de la Musique, par Savoix; — Monnaies et Médailles, par Lenormant; — Gravure en Pierres fines, par Babelon; — Armes, par Maindron; — Art Héraldique, par Gourdon de Genouillac; — Précis de l'Histoire de l'Art, par Bayet; — Archéologie Chrétienne, par Pératé; — Mythologie de la Grèce, par Collignon; — Archéologie Grecque, par Collignon; — Archéologie Etrusque et Romaine, par Martha; — Manuel d'Archéologie Orientale, par Babelon; — Archéologie Egyptienne, par Maspéro.

17 — **BOCHER** (EMMANUEL). Les gravures françaises du XVIIIe siècle ou catalogue raisonné des estampes, vignettes, eaux-fortes, pièces en couleur au bistre et au lavis, de 1700 à 1800. Paris, Morgand, 1882. In-4°, br.

Sixième fascicule contenant Jean-Michel Moreau le Jeune.

18 — **BOUCHER** FILS. Œuvre. *A Paris, chez le Père et Avaulez*, cahiers 21 à 43 moins le 32e, ensemble vingt-deux cahiers de chacun six pl. d'ameublement ou de décoration intérieure, en feuilles.

19 — Cahiers d'ameublement et de décoration intérieure, cinquante-deux pièces d'une suite de soixante (les cahiers E et K manquent). In-fol. en feuilles.

20 — **BURTY** (F.-D). Froment-Meurice argentier de la ville, 1802-1855. *Paris*, 1883, in-4°, br., fig.

Six eaux-fortes par Buhot, J. Jacquemart, Greux, Gaucherel, Coutry, Boilvin et une chromolitographie.

21 — **Cabinet de l'amateur** et de l'antiquaire. Revue des

tableaux et des estampes anciennes; des objets d'art, d'antiquité et de curiosité publiée sous la direction de M. Eug. Piot. *Paris*. 1842-46, 4 vol. in-8°, illustrés d'eaux-fortes et de planches d'archéologie, br.,

Le premier volume est tiré sur grand papier et contient l'eau-forte de Meissonier. Le Fumeur. Les trois autres sur papier ordinaire. Piqûres d'humidité.

22 — Le Cabinet de l'Amateur. Nouvelle série, par Eugène Piot. *Paris*, 1861, 1862 et 1863, ensemble trente-quatre numéros, dont les vingt-quatre premiers forment un beau vol. gr. in-8, br., orné de nombreuses illustrations, les nos 25 à 34 forment le commencement d'un nouveau volume qui est resté inachevé.

23 — **Caricature** (La) morale, religieuse, littéraire et scénique. Journal fondé et dirigé par Ch. Philipon. *Paris, chez Aubert*, 1831-1835, 10 tomes en 5 vol. in-4, contenant deux cent cinquante et une livraisons et cinq cent vingt-quatre planches noires et coloriées, dessinées par H. Monnier, Grandville, Raffet, Daumier, Charlet, etc., demi-rel., chag. vert.

Bel exemplaire avec les titres et tables (sauf ceux du tome II) et toutes les planches citées sur les tables. On y a joint : la série de vingt-quatre lithographies de Daumier et Grandville, connue sous le titre de *Lithographie mensuelle*; 12 pièces, la plupart de Monnier; le catalogue de la Maison Aubert, et une lettre autographe de Philipon.

24 — **La Caricature provisoire.** Du 1er novembre 1838 (n° 1) au 29 décembre 1839 (n° 61). Petit in-fol. demi-rel. basane verte.

Curieuse série de caricatures et lithographies en noir et en couleur, par Daumier, Gavarni, H. Monnier, Grandville, etc.

25 — **CARJAT** (E.). Le Boulevard. De l'origine. 1er décembre 1861 au 14 juin 1863. Soixante-seize numéros contenant chacun une grande lithographie, rel. en 2 vol. in-fol., dos et coins de perc. bleue.

Deux dessins ajoutés.

26 — **Catalogue** des objets d'art et d'ameublement du temps de Louis XV et de Louis XVI, composant la collection de

feu M. Josse, orné de vingt-quatre planches en phototypie. Vente des 28 et 29 mai 1894. *Paris*, gr. in-4, cart, avec coins non rog.

27 — **Catalogue** des anciennes faïences françaises et étrangères, composant la collection de M. Charles Antiq, orné de vingt-quatre planches en phototypie. Vente des 3, 4, 5 et 6 avril 1895. *Paris*, gr. in-8 cart., non rog.

28 — **Catalogue** des livres et estampes de feu M. Destailleur, 1890, 1891 et 1895. — Ventes Champfleury. Livres, estampes, faïences patriotiques, 1890-91, — Bulletin mensuel de la Librairie. Morgand, quatorze numéros, — Répertoire de la Librairie Morgand, 1893, 2 vol., — Catalogue de la Rose-Croix, 1892 ; ensemble 30 vol. ou brochures in-8, cart. ou br.

29 — **CHAMPFLEURY**. Contes. Chien Caillou, — Pauvre Trompette, — Feu Minette. *Paris*, *Michel Lévy*, 1851. — Les premiers beaux jours. *Paris*, *Michel Lévy*, 1858. — Les demoiselles Tourangeau. *Paris*, *Michel Lévy*, 1864. — L'Hôtel des Commissaires-priseurs. *Paris*, *Dentu*, 1867. — Les Chats. Histoire, mœurs, observations, anecdotes. Illustré de quatre-vingts dessins. *Paris*, *Rothschild*, 1870, 4e édition; ensemble 5 vol. in-12, demi-mar. rouge et vert, non rognés (couvertures).

Les quatre premiers ouvrages sont de l'édition originale.

30 — Histoire de la Caricature sous la République, l'Empire et la Restauration. *Paris*, *Dentu*, s. d. — Histoire de la Caricature moderne. *Paris*, *Dentu*, s. d., 2 vol. in-12, demi-mar., non rogné.

Éditions originales.

31 — Histoire des faïences patriotiques sous la Révolution. *Paris*, *Dentu*, 1867. In-8, fig., demi-rel., dos et coins de mar. rouge jans., tête dor., ébarbé.

On y a joint un exemplaire de la troisième édition 1875, in-12, demi-mar. grenat.

32 — Henri Monnier, sa vie, son œuvre, avec un catalogue complet de l'œuvre et cent gravures fac-similé. *Paris*,

Dentu, 1879. In-8, demi-rel., dos et coins de mar. bleu, dos orné, tête dorée.

33 — **CHARLET.** Album factice de cent quatorze dessins de Charlet, reproduits en lithographie et relié en 2 vol. gr. in-4, demi-chag. vert.

34 — La Garde Impériale. Trente-cinq lithographies dont les principaux personnages sont coloriés; avec une suite de six costumes militaires de la révolution. 1 vol. in-fol., rel., demi-chag. vert, dos orné.

35 — **CLARETIE** (Jules). Histoire de la Révolution de 1870-71. *Paris*, aux *bureaux du Journal l'Eclipse*, 1872. 2 vol. grand in-8, nombr. fig. sur bois, demi-rel. chagr. rouge.

36 — **DAUMIER.** Types Parisiens. Suite de cinquante pièces lithographiées par H. Daumier, en 1 vol. in-4, demi-rel. basane.

37 — Album comique. Robert Macaire. *Paris*, *Bureau du Journal amusant*, s. d., seize lithographies en 1 vol. in-4, demi-mar. rouge.

38 — **DAVILER**. Cours d'architecture, qui comprend les ordres de Vignole, etc., et plusieurs nouveaux dessins concernant la distribution, la décoration, la serrurerie, la menuiserie, le jardinage, etc. *Paris*, *chez J. Mariette*, 1738. In-4, rel. veau.

39 — **DAYOT** (Armand). Les Maîtres de la Caricature française au dix-neuvième siècle. Cent-quinze fac-similés de grandes caricatures en noir. Cinq fac-similés de lithographies en couleurs. *Paris*, *Quantin*, s. d., petit in-4, demi-rel. dos et coins de mar. rouge, dos orné, tête dor.

40 — Charlet et son œuvre. Cent-dix-huit compositions lithogr., peintures à l'huile, aquarelles, sépias et dessins inédits, — Raffet et son œuvre. Cent compositions lithogr., peintures à l'huile, aquarelles, sépias et dessins inédits. *Paris*, *Maison Quantin*, s. d. 2 vol. petit in-4, demi-rel. chagr. rouge, têtes dor.

On y a joint : Raffet, peintre national, par Henri Béraldi, in-fol., demi-chagr. rouge.

41 — **Diable à Paris** (Le). Paris et les Parisiens. Mœurs et coutumes, caractères et portraits des habitants de Paris, etc. *Paris*, *Hetzel*, 1845-1846. 2 vol. gr. in-8, demi-mar. rouge, fil., têtes dor., ébarbé.

Nombreuses figures gravées sur bois, d'après Gavarni et Bertall. Bel exemplaire de premier tirage, couverture du premier volume conservée.

42 — **DIETTERLIN** (W.). Le Livre d'architecture. Ouvrage formant 2 volumes. Tome Ier contenant les ordres toscan, dorique et ionique. Tome II contenant les ordres corinthien et composite. Reproduction de l'édition de 1598. *Liège*, *Claesen*. 2 vol. in-fol., rel. demi-maroq., rouge, tête dor.

43 — **DU BREUIL** (A.). Cours d'arboriculture, 7e édition, — Principes généraux, — Arbres à fruits de table, — Vignobles, arbres à fruits à cidre, — Arbres et arbrisseaux d'ornements. *Paris, Garnier* et *Masson*, 1876. 4 vol. in-12, fig., demi-rel. chag. La Vallière, tr. jaspée.

44 — **DUCHATEL** (E.). Traité de lithographie artistique, illustré par Buhot, Bertrand, Dillon, Dulac, Fantin-Latour, Fauchon, Fuchs, Lefevre, Lunois, Maurou. Pirodon, Vogel. *Paris*, *chez l'auteur*, s. d. in-4, br.

45 — **EUDEL** (Paul). Soixante planches d'orfèvrerie de la collection Paul Eudel pour faire suite aux éléments d'orfèvrerie composés par Pierre Germain. *Paris*, *Quantin*, 1884. In-4 en portefeuille.

46 — **Fashionable Furniture.** A collection of three hundred and fifty original designs representing cabinet work, upholstery and decoration by various designers; including one hundred sketches by the late bruce J. Talbert, architect, also, a series of domestic interiors by Henry Shaw, architect. *London*, s. d., gr. in-4, avec cent vingt pl. cart. perc.

47 — **FORAIN.** La comédie parisienne. Deux cent cinquante dessins, par J.-L. Forain. *Paris, Charpentier* et *Fasquelle*, 1892. In-12, demi-chagrin rouge, non rogné.

Édition originale. Couverture conservée.

*

48 — **FORAIN**. Album de Forain. — Publications de la *Vie Parisienne*. Nous, vous, eux. Deux albums gr. in-4, demi-chag. rouge.

49 — **GILL** (André). La Lune, De l'origine, octobre 1865 au 17 janvier 1868. Quatre-vingt-dix-huit numéros en 1 vol. in-folio demi-chagrin rouge.

Rare à trouver complet.

50 — L'Eclipse. De l'origine, 26 janvier 1868 au 25 juin 1876. Quatre cents numéros formant 9 tomes reliés en 3 vol. in-fol. demi-mar. La Vallière.

51 — Album de la Lune et de l'Eclipse. Cent dessins de Gill, 1866-70. In-4 demi-mar. grenat.

52 — La Lune rousse. De l'origine, 10 décembre 1876 au 21 décembre 1879. Cent cinquante neuf numéros reliés en 1 vol. in-fol. demi-chagr. brun.

53 — La petite Lune. Dessins d'André Gill, 1878-79, — L'Esclave ivre, — Le bulletin de vote, 1877-1885. 4 vol. gr. in-8 et in-4, demi-rel.

54 — Recueil factice de journaux illustrés contenant des dessins d'André Gill : Journal amusant, Charivari, Le petit Rappel, Le Peuple souverain, Le Voltaire illustré, Le Réveil, La Mascarade, L'Esprit gaulois. Le Chat noir, La Nouvelle Lune, etc., en 1 vol. in-fol. demi-chag. rouge.

55 — Le Salon pour rire, 1864, — Le Salon pour rire, 1868, Gill-Revue, La Vessie, — La Parodie. Salon de 1869, — La Mille et deuxième nuit. Conte inédit d'Edgar Poë, ill. par André Gill. Cinq plaquettes in-4 et grand in-8, cart.

56 — La Muse à Bibi, 1879, — Vingt années de Paris, 1883, — Le Melon de Gill, complainte, — La corde au cou, comédie, 1876, — L'Etoile, drame en un acte en vers, par Gill et Richepin, 1873, — La Muse à Bibi, 1881 (Hollande), — André Gill, par Lods et Véga, 1887; ensemble 7 vol. in-12, cart. et reliés.

57 — Vingt portraits contemporains, par André Gill. Notice par Jean Richepin. *Paris, Magnier et Cie*, 1886. In-4 en portefeuille.

58 — **GILL** (André). André Gill, sa vie, bibliographie de ses œuvres, par Arm. Lods et Véga, avec portraits, par Emile Cohl et caricatures inédites d'André Gill. *Paris, Vanier*, 1887. In-12, demi-chagrin rouge, tête dorée.

Un des douze exemplaires numérotés sur Hollande.

59 — **GRAND-CARTERET.** Bismarck en caricatures, avec cent quarante reproductions de caricatures allemandes, autrichiennes, françaises, italiennes, anglaises, suisses, américaines, dont deux coloriées. *Paris, Perrin et Cie*, 1890. In-12, demi-rel. dos et coins de chagrin rouge, tête dor., non rogn.

Un des vingt exemplaires numérotés sur papier de Chine.

60 — Crespi, Bismarck et la Triple Alliance en caricatures, avec cent quarante reproductions de caricatures italiennes, françaises et autres dont deux coloriées. *Paris, Delagrave*, 1891. In-12, demi-chagr. rouge, coins, dos orné, tête dorée, non rogné.

Exemplaire sur papier de Chine dont il a été tiré vingt exemplaires.

61 — Bismarck en caricatures. *Paris, Perrin*, 1890, — Crispi, Bismarck et la Triple Alliance en caricatures. *Paris, Delagrave*, 1891, — Les caricatures sur l'alliance franco-russe, *Paris, Quantin*, s. d. 3 vol. in-8 et in-12, demi-rel.

62 — Richard Wagner en caricatures. Cent trente reproductions de caricatures françaises, allemandes, anglaises, italiennes, etc. *Paris, Librairie Larousse*, s. d. In-8 carré, demi-rel., dos et coins de chagr. rouge, dos orné, tête dorée, non rogné.

Un des vingt exemplaires entièrement colorié à la main.

63 — Les Mœurs et la Caricature en France. Huit planches en couleurs, trente-six planches hors texte, cinq cents illustrations dans le texte. *Paris, Librairie illustrée*, s. d. Gr. in-8, demi-rel., dos et coins de mar. rouge, dos orné, tête dorée, non rogné.

Bel exemplaire.

64 — **GRANDVILLE.** Les Métamorphoses du jour. *A Paris*,

chez Bulla. Recueil de soixante-treize lithographies coloriées en 1 vol. gr. in-8 oblong, demi-rel. mar. vert.

Bel exemplaire du premier tirage avec les deux planches rares non numérotées.

65 — **GRUYER** (F.-A.). Chantilly. Les Quarante Fouquet. Ouvrage illustré de quarante héliogravures, par Braun, Clément et Cie. *Paris*, *Plon*, 1897. In-4, br., couverture ornée.

Tiré à cent cinquante exemplaires et épuisé.

66 — **GUILMARD.** La connaissance des styles de l'orne mentation. Histoire de l'ornement et des arts qui s'y rattachent depuis l'Ère chrétienne jusqu'à nos jours. Grand in-4 jésus, de 136 pages de texte, accompagné de 42 pl. *Paris*, *Guilmard*, s. d., rel. demi-bas.

67 — **Hanneton** (Le) illustré, satirique et littéraire, 1867-1868, 6e année (nos 1 à 46) et 7e année (nos 1 à 28 moins no 21) en 1 vol. in-fol., demi-rel. basane.

68 — **HOFFMANN.** Contes fantastiques, traduction nouvelle; précédés de souvenirs intimes sur la vie de l'auteur, par P. Christian, illustrés par Gavarni. *Paris*, *Lavigne*, 1843. In-8, demi-maroq. vert, dos orné.

Fortement piqué.

69 — **Les Hommes d'aujourd'hui.** Publication illustrée de portraits-charge en couleurs, dessinés par nos principaux artistes, avec biographies anecdotiques de Pierre et Paul. *Paris*, *Cinqualbre* et *Léon Vanier*, 1878 et années suivantes. Sept tomes reliés en 4 vol. in-4, demi-chagr. rouge, et un lot de livraisons.

Quatre cent quarante-six numéros contenant des dessins de Gill, Demare, Emile Cohl, Job, Choubrac, Luque, Steinlein, Léandre, etc. Numéros doubles ajoutés.

70 — **Illustrated Catalogue** (The) of the Universal Exhibition (1867), published with the Art Journal. In-4, fig., demi-chagr. grenat.

71 — **Illustrated Catalogue** of the Paris international Exhibition, 1878. *London*, *Virtue et Cie*. In-4, illustré, demi-maroq. grenat.

72 — **JACQUEMART** ET **LEBLANT.** Histoire artistique, industrielle et commerciale de la porcelaine. Ouvrage enrichi de vingt-six pl. grav. à l'eau-forte. *Paris, Techener*, 1862. Gr. in-4, rel. demi-maroq. vert, tête dorée, non rognée, coins.

73 — **JACQUEMART** (ALBERT). Histoire de la Céramique. Etude descriptive et raisonnée des poteries de tous les temps et de tous les peuples. Ouvrage contenant deux cents figures sur bois, douze pl. gravées à l'eau-forte et mille marques et monogrammes. *Paris, Hachette*, 1873. Gr. in-8, rel. demi-chagr. marron, tête dorée, non rogné.

74 — Histoire du Mobilier. Recherches et notes sur les objets d'art qui peuvent composer l'ameublement et les collections de l'homme du monde et du curieux. *Paris, Hachette*, 1876. Gr. in-8, fig., demi-maroq. grenat, tête dorée.

75 — **Labyrinthe de Versailles,** avec l'explication en prose, par Ch. Perrault et trente neuf fables en vers, par Benserade. *Paris, Impr. Royale*, 1679. In-8, rel. veau.

Ouvrage recherché pour les quarante jolies gravures de Sébastien Le Clerc dont il est orné.

76 — **LACROIX** (PAUL). Les Arts au Moyen âge et à l'époque de la Renaissance. Ouvrage illustré de dix-sept pl. chromolithographiques exécutées par F. Kellerhoven et de quatre cents gravures sur bois. *Paris, Didot*, 1869. Grand in-8, demi-maroq. marron, tête dorée, non rogné.

77 — **LAMI** (EUG.). Les six quartiers de Paris, par Eug. Lami. *Paris, lith. de Delpech*, suite de six lithographies coloriées.

Belles épreuves à toutes marges.

78 — Agréments de la vie de château. *Paris, H. Gache*, s. d., suite de vingt lithographies coloriées, en 1 vol. gr. in-8° oblong, demi-rel., dos et coins de mar. rouge.

Bel exemplaire.

79 — **LAMI** (EUG.) ET **H. MONNIER**. Voyage en Angleterre. *Paris, Gihaut frères* (1829). In-fol., demi-rel.

Vingt-huit lithographies en couleurs de Monnier et Lami. Rare.

80 — **LANGLOIS**. Essai historique, philosophique et pittoresque sur les danses des morts, accompagné de cinquante-quatre planches et de nombreuses vignettes dessinées et gravées par E.-H. Langlois, Brevière et Tudot, suivi d'une lettre de M. C. Leber et d'une note de M. Depping. *Rouen, Lebrument*, 1851. 2 vol. in-8°, rel. demi-veau fauve, fil, tr. marbr.

81 — **LE NORDEZ** (Mgr). Jeanne d'Arc racontée par l'image, d'après les sculpteurs, les graveurs et les peintres, ouvrage orné de nombreuses gravures dans le texte et de 16 planches, d'après des tableaux de maîtres. *Paris, Hachette*, 1898. In-4°, en feuilles, dans un carton.

Exemplaire sur papier de Chine.

82 — **LEPRINCE**. Inconvénients d'un voyage en diligence, douze tableaux lithographiés par M. Xavier Leprince. *Paris, Sazerac et Duval*, 1826. Douze planches, in-fol. oblong.

Suite complète de douze lithographies en couleurs dans sa couverture imprimée. Superbes épreuves à toutes marges.

83 — **Magasin pittoresque.** Années 1833 à 1840, 8 vol. gr. in-4°, demi-chagr. rouge. — Années 1889 et 1890, 2 vol. grand in-8°, br. — Histoire de France, par H. Bordier et Ed. Charton, 2 vol. gr. in-8°, dos et coins de chagrin vert; ensemble 12 vol.

84 — **MAINDRON** (Ernest). Les Affiches illustrées, ouvrage orné de vingt chromolithographies, par Jules Chéret, et de nombreuses reproductions, en noir et en couleurs, d'après les documents originaux. *Librairie artistique, Launette et Cie*, 1886. In-4°, fig., demi-rel., dos et coins de chagrin vert, dos orné, tête dor.

85 — Les Affiches illustrées, 1886-1895. Ouvrage orné de soixante-quatre lithographies en couleur et de deux cents reproductions d'après les affiches originales des meilleurs artistes. *Paris, Boudet*, 1896. In-4°, broché.

86 — **MANESSON-MALLET.** La géométrie pratique divisée en quatre livres... Ouvrage enrichi de cinq cents

planches gravées en taille-douce. *Paris*, **1702**. 4 vol. in-8°, rel. veau.

87 — **MAUPASSANT** (Guy de). Clair de Lune. Illustrations de Arcos, Boutet de Monvel, Gambard, Grasset, Jeanniot, Adr. Marie, Mars, Merwarth, Myrbach, Renouard, Rochegrosse, Tirado. *Paris, Monnier,* 1884. Gr. in-8°, demi-chagr. La Vallière, non rogné.

88 — **Médailles** sur les principaux événements du règne de Louis le Grand, avec des explications historiques par l'Académie royale des Médailles et des Inscriptions. *Paris, Imprimerie royale,* 1702. In-fol., veau marbre avec armes sur le plat et sur le dos, tr. dor.

89 — **MERLIN** (R.). Origine des cartes à jouer, recherches nouvelles sur les Naïbis, les Tarots et sur les autres espèces de cartes, ouvrage accompagné d'un album de soixante-quatorze planches, offrant plus de six cents sujets. *Paris* 1869. In-4°, rel. demi-maroq. vert, avec couverture tête dor., non rog.

90 — **Les Merveilles** de l'Exposition de 1889. *Paris, Librairie illustrée*, s. d., in-4°, demi-chagr. bleu.

91 — **MESNARD** (Jules). Les Merveilles de l'Exposition universelle de 1867. Arts — Industrie — Bronzes, meubles, orfévrerie, porcelaines, faïences, cristaux, bijoux, dentelles, soieries, etc. Nombreuses figures dans le texte *Paris-Lahure,* 1867. In-4°, rel. demi-chag. violet, non rog.

92 — **MOLIÈRE.** Œuvres complètes de Molière, précédées d'une notice par L.-B. Picard, avec des notes et éclaircissements historiques. Nouvelle édition. *Paris, Pourrat frères*, 1838. 6 tomes en 5 vol., in-8°, demi-rel., bas. verte.

93 — **MONNIER** (Henri). (Scènes populaires dessinées à la plume par). *Paris, Levavasseur* et *Urbain Canel,* 1830. 1 vol. in-8°, en demi-veau.

Edition originale, exemplaire avec les six charmantes lithographies d'Henri Monnier. Rare.

94 — **MONNIER** (Henri). Scènes populaires. 2e édition, augmentée de deux scènes et de deux vignettes. *Paris, Levavasseur* et *Urbain Canel*, 1831. In-8, demi-rel. veau. —Paris et la province. *Paris*, *Garnier*, 1866. In-12, demi-rel. basane verte (édition originale). Ensemble 2 vol.

95 — Scènes populaires dessinées à la plume par Henri Monnier. Nouvelle édition. *Paris*, *Dentu*, 1879. 2 vol. in-8°, demi-mar. brun, tête dor.

96 — Les Bourgeois de Paris, scènes comiques. *Paris*, *Charpentier*, 1854. — Nouvelles scènes populaires. La Religion des imbéciles. *Paris*, *Dentu*, s. d., 2 vol. in-12, demi-mar. rouge, non rogné.

Editions originales. Couvertures conservées.

97 — Rencontres parisiennes. Macédoine pittoresque croquée d'après nature au sein des plaisirs, des modes, de l'activité, des occupations, du désœuvrement, des travers, des vices, des misères, du luxe, des prodigalités, des habitants de la capitale dans tous les rangs et dans toutes les classes de la société. — *A Paris, chez Gihaut frères*, s. d., suite de quarante lithographies coloriées, avec la couverture, gr. in-8° oblong, demi-mar. rouge.

98 — Esquisses parisiennes, par Henri Monnier. *Paris*, *Delpech*, 1827. Titre et dix lithographies coloriées.

Superbes épreuves à toutes marges.

99 — Paris vivant. *Publié par Bernard* et *Delarue*, s. d. Série de seize lithographies coloriées. In-8° oblong, cart.

100 — Le Temps, sa brièveté, sa longueur, sa fuite, son cortège, ses bienfaits et ses ravages, par Henri Monnier. *Paris*, chez *Giraldon-Bovinet*, 1828. Couverture et neuf lithographies coloriées.

Très belles épreuves à toutes marges. Couverture conservée.

101 — Les Grisettes, par Henri Monnier, 1829. *Delpech*, *éditeur*. Titre et six lithographies coloriées.

Très belles épreuves à grandes marges.

102 — **MONNIER** (Henri). Mœurs administratives, par Henri Monnier, 1828. Six lithographies coloriées, pièces en hauteur.

Belles épreuves avec marges.

103 — Mœurs administratives, dessinées d'après nature par Henri Monnier, 1828. *Paris, Delpech.* Titre et sept lithographies coloriées.

Très belles épreuves à grandes marges.

104 — Intérieur des boutiques de Paris, dessinées sur pierre par Henri Monnier. *Paris, Delpech.* Couverture et six lithographies coloriées.

Superbes épreuves à toutes marges.

105 — Vues de Paris, dessinées d'après nature par Henri Monnier, 1829. *Delpech, éditeur.* Titre et quatre lithographies coloriées.

Très belles épreuves à grandes marges.

106 — Esquisses morales et philosophiques. *Delpech,* 1830. Cinq lithographies coloriées.

Belles épreuves à toutes marges.

107 — Album Henri Monnier. Vingt lithographies. *Paris, L. Pannier et Cie*, 1843. Vingt pièces coloriées en 1 vol. in-4°, cart.

On a réuni sous ce titre les lithographies suivantes : Impressions de voyage, six pièces; Récréations, six pièces; les Gens sans façon, cinq pièces; Petites misères et scènes populaires, trois pièces.

108 — Distractions, deux pièces, — Un inamovible, — Méditation. Quatre lithographies coloriées.

109 — **MURGER** (Henry). La Vie de Bohême, illustrée par André Gill. *Paris, Librairie illustrée.* Gr. in-8°, demi-chagrin rouge, tête dor.

110 — **Musée Napoléon.** Publié par Filhol, graveur, et rédigé par Lavallée. Nombreuses planches gravées. *Paris, imp. Gillé,* 1804-1827. 11 vol. in-4°, rel. demi-maroq., dos orné, fil. tr. supér. dor, non rog.

Exemplaire grand papier vélin, avec les gravures avant la lettre.

111 — **NIEL** (P.-G.-J.). Portraits des personnages français les plus illustres du XVIe siècle, reproduits en fac-simile, sur les originaux dessinés aux crayons de couleur par divers artistes contemporains. Recueil publié avec notices et publié en deux séries. Ire série : Rois et Reines de France. Maîtresses des Rois de France ; — IIe série : Personnages divers. En tout, quarante-huit planches formant 2 vol. in-fol. *Paris*, *Lenoir*, 1848-1856. Relié demi-chag. rouge, tête dor, non rog.

112 — **OWEN JONES.** Grammar of ornament. Illustrated by examples from various styles of ornament. One hundred and twelve plates. *London*, gr. in-4°, rel. demi-maroq. brun, non rog.

113 — **PÉQUÉGNOT.** Ornements, meubles et décorations d'après les maîtres, 1865-1872. 2 vol. in-4° contenant trois cent cinquante planches classées par genres, demi-mar. rouge.

On a joint à cet exemplaire quarante-cinq planches d'ornements anciens et modernes.

114 — Vieilles décorations depuis l'époque de la Renaissance jusqu'à Louis XVI. Plafonds, lambris, tapisseries, panneaux, trumeaux, frises. *Paris*, 1875. In-fol. avec cent quarante planches gravées, demi-maroq. marron, tête tr. peig. ébarbé.

115 — **PERCIER** ET **FONTAINE.** Recueil de décorations intérieures, comprenant tout ce qui a rapport à l'ameublement, ouvrage composé de soixante-douze planches avec texte explicatif. *Paris*, *Didot aîné*, 1827. In-fol., cart. non rog.

116 — **Perspective** practique nécessaire à tous peintres, graveurs, sculpteurs, architectes, orfèvres, brodeurs, tapissiers et autres se seruans du dessein, par un Parisien, religieux de la Compagnie de Jésus, ouvrage orné de cent cinquante planches. *Paris*, *Tavernier*, 1642. Petit in-4°, demi-vélin.

117 — **PFNOR** (Rodolphe). Monographie du château de Heidelberg, accompagnée d'un texte historique et descriptif, par Daniel Ramée. Ouvrage divisé en deux parties de douze planches chacune. *Paris, Morel*, 1859. In-fol., rel. demi-maroq. rouge antique, coins tr. bleue.

118 — Guide artistique et historique au palais de Fontaine bleau. Préface par Anatole France. *Paris, Daly*, 1889. In-12, avec plan et fig. cart. perc.

119 — **PIGAL.** Recueil de scènes de société. *A Paris, chez Martinet*, 1822. In-4°, titre et cinquante lithographies coloriées, demi-rel.

120 — **PILLE** (Henri). Pressé pour le Salon. Scènes d'atelier, par G. Gœtschy. Illustrations de Henri Pille. *Paris, Baschet*, s. d. Grand in-8 oblong, demi-chagr. grenat. — Peintres et chevalets, par Caran d'Ache et Luque. *Paris, Vanier*, s. d. Gr. in-8 oblong, cart.; ensemble 2 vol.

121 — **POTTIER** (André). Histoire de la Faïence de Rouen. *Rouen, Le Brument*, 1870, 2 vol. ornés de 60 pl. en couleurs et de vignettes d'après les dessins de Mlle Émilie Pottier, demi-mar. grenat.

122 — **RACINET** (A.) L'Ornement polychrome. Cent planches en couleurs or et argent, contenant environ 2 000 motifs de tous les styles, art ancien et asiatique, Moyen âge, Renaissance, dix-septième et dix-huitième siècles. *Paris, Didot*, s. d. 1 vol. in-fol. rel. dem.-mar. La Val. avec coins, tête dor., dos orné, n. rog.

123 — **Reale Galleria** di Firenze illustrata di sigg. Zannoni, Montaloi e Bargigli, *Firenze, Molini*, 1812. 13 vol. in-8, rel. dem.-veau rouge, fil., n. rog.

Nombreuses planches gravées au trait.

124 — **Revue encyclopédique.** Recueil documentaire universel et illustré, publié sous la direction de G. Moreau. *Paris, librairie Larousse*. Années 1891 à 1897. 7 vol.

gr. in-4, les 6 premiers reliés, dos et coins de chagrin rouge, le 7e en livraisons.

Les années 1895 à 1897 sont de l'édition d'amateur, avec planches hors texte. On y joint l'Index général des cinq premières années, plaquette reliée, dos et coins de chagrin rouge.

125 — **RIS-PAQUOT.** Manuel du collectionneur de faïences anciennes, trente-six sujets en couleurs retouchés à la main, et plus de 90 dessins et monogrammes en noir dans le texte. *Amiens* et *Paris*, 1877-78, in-8, dem.-chagr. La Vallière, tête dor.

126 — **ROCHEFORT.** Napoléon dernier. Les « Lanternes » de l'Empire, par Henri Rochefort. Illustrations par André Gill et Frid'Rick. *Paris*, Librairie Anticléricale, s. d. 3 vol. gr. in-8, demi-rel.

127 — **ROPS** (Félicien). Catalogue descriptif et analytique de l'œuvre gravée de Félicien Rops, précédé d'une notice biographique et critique par Érastène Ramiro, orné d'un frontispice et de gravures d'après des compositions inédites de Félicien Rops, et de fleurons et culs-de-lampe d'après F. Repos, Jean La Palette et Louis Legrand. *Paris*, Conquet, 1887, gr, in-8, br., couvert. illust.

128 — Supplément au catalogue de l'œuvre gravé de Félicien Rops, par Erastène Ramiro, illustrations de Félicien Rops, fleurons et culs-de-lampe, par Armand Rassenfosse. *Paris*, Floury, 1895, gr. in-8, br., couvert. illust.

129 — **ROUSSET** (Camille). Histoire de Louvois et de son administration politique et militaire jusqu'à la paix de Nimègue. *Paris*, Didier, 1863-64. 2 tomes en 4 volumes in-8, br.

130 — **La Rue.** Paris pittoresque et populaire. Rédacteur en chef : Jules Vallès. Du 1er juin 1867 au 11 janvier 1868 (nos 1 à 33), gr in-4, demi-mar. brun.

131 — **Salon des Champs-Élysées.** Livrets de 1880, 1881, 1890, 91, 93, 94, 96.— Salon du Champ de Mars. Livrets de 1890 à 1894 et 96. — Guide illustré de l'Exposition

universelle de 1889, 2 ex.; ensemble, 16 vol. in-12, br. et cart.

132 — **SAVARY DE LANCOSME-BRÈVES** (Le comte). De l'équitation et des haras, dessins par E. Giraud gravés par Gagnon. Seconde édition. *Paris*, Ledoyen. 1843, in-4, demi-maroq. violet, fil et coins. tr. jasp.,

Légères mouillures.

133 — **TALBERT**. Examples of ancient et modern Furniture Metal-Work. Tapestries. Décorations, etc. *London*, 1876., pet. in-fol. avec 20 pl. cart. toile, fers spéc.

134 — **Tapissier**. Neuf pl. au lieu de quatorze.— Tapisserie de haute lisse des Gobelius.— Treize p anches.— Tapisserie de basse lisse des Gobelins,— Dix-huit pl.; ensemble quarante pl. extraites de l'Encyclopédie en 1 vol. in-fol., cart.

135 — **Tentures style Empire.** *A Paris, chez Osmont*, s. d. Album de 30 pl. coloriées, in-8 oblong, demi-rel.

136 — **TOUCHATOUT.** Histoire de France tintamaresque, *Paris*, 1872. — Histoire tintamaresque de Napoléon III. *Paris*, 1874. — La Dégringolade impériale; ensemble, 4 vol. gr. in-8 illustrés, dont 3 reliés demi-basane.

137 — **UNGEWITTER** (G-G.). Meubles du Moyen âge, plans, élévations, coupes et détails. Petit in-fol. avec 48 pl. en noir. *Paris, Morel*, s. d. Pet. in-fol. cart.

138 — **VERNET** (H.) et Eug. **LAMI.** Collection des Uniformes des armées françaises, de 1791 à 1814, dessinés par H. Vernet et Eug. Lami, ouvrage orné de 99 planches en lithographie color. *Paris*, Gide fils, 1822, gr. in-8, demi-rel. fil., non rog.

Quelques taches.

139 — **VIGNOLE** (J. Barozzio). Livre nouveau ou règles des cinq ordres d'architecture, Ouvrage orné de 104 planches. *Paris*, Chéreau, 1767. In-fol. veau marbré.

Bel exemplaire de l'ouvrage connu sous le nom de Vignole de Blondel et contenant de nombreuses planches de décoration intérieure style Louis XV.

140 — Règles des cinq ordres d'architecture de Jacques Barozzio de Vignole.... le tout enrichi de vignettes et cartels dessinés et gravés par Babel. *A Paris, chez J. Chéreau*, 1747. Petit in-4., relié veau.

141 — **VIOLLET-LE-DUC.** Dictionnaire raisonné de l'architecture française, du onzième au seizième siècle. *Paris, Bance*, 1854-1868. 10 vol. in-8; rel. demi-chag. noir tr. jasp.

142 — Dictionnaire raisonné du mobilier français de l'époque carlovingienne à la Renaissance. *Paris, Morel*, 1872-1875. 6 vol. in-8, rel. demi.-maroq. rouge, coins, tr. peigne.

143 — **VUILLIER** (Gaston). La Danse, ouvrage orné de nombreuses gravures dans le texte et de 19 planches d'après des tableaux de maîtres. *Paris, Hachette*, 1898. In-4, en feuilles, dans un carton.

Exemplaire sur papier de Chine.

144 — **WATELET**. L'Art de peindre. Poème, avec des réflexions sur les différentes parties de la peinture. *Paris*, 1760, in-4, fig., rel. veau, dos orné, tr. dor.

145 — **WILLEMIN** (N.-H.). Monuments français inédits, pour servir à l'histoire des arts depuis le sixième siècle jusqu'au commencement du dix-septième. Choix de costumes civils et militaires, d'armes, armures, instruments de musique, meubles de toute espèce, décorations intérieures et extérieures des maisons, dessinés, gravés, et coloriés d'après les originaux, par Villemin, classés chronologiquement et accompagnés d'un texte historique et descriptif par André Pottier, *Paris*, 1839. 2 vol. in-fol., rel. demi-chag. rouge. non rog.

146 — **ZOLA** (Emile). L'Assommoir, avec des illustrations de Gill, Butin, Vierge, Clairin, Gœnette, Frappa, etc. *Paris, Marpon et Flammarion*, s. d., gr. in-8, demi-rel., dos et coins de mar. bleu, tête dor., non rogné.

Très bel exemplaire sur Hollande avec une double suite des gravures sur Chine.

147 — Le Ventre de Paris. *Paris, Marpon et Flammarion,* s. d., gr. in-8, avec illustrations par Gill, Castelle, etc., demi-chagr. rouge.

148 — **Album** de papier ancien, in-4, reliure pleine mar. rouge fil., dent. int., dos orné, tr. dor.

149 — **Portefeuille** in-folio en maroquin rouge ancien, filets, dos orné, aux armes de Louis XIV, avec son chiffre sur le dos et sur les plats.

150 — **BAUDOUIN**. Le Coucher de la mariée, gravé à l'eau-forte par Moreau le jeune et terminé par J. B. Simonet. In-fol. Belle épreuve avec une petite marge encadrée.

PARIS

IMPRIMERIE DE D. DUMOULIN ET Cie

5, rue des Grands-Augustins, 5

www.ingramcontent.com/pod-product-compliance
Ingram Content Group UK Ltd.
Pitfield, Milton Keynes, MK11 3LW, UK
UKHW020532180726
13839UKWH00005B/2467

9 782329 534473